25
Principes
van de realiteit

Jochen Blumenthal
Coen Weesjes

Auteur: Jochen Blumenthal
Nederlandse vertaling en foto´s: Coen Weesjes

Email: kontakt@dasgesetzdeseinen.de

ISBN-13: 978-3-945871-93-5

Inhoudsopgave

Voorwoord

25 Principes van de realiteit is een Nederlandstalige instap in de gedachtesferen van het „Bondgenootschap van de Planeten in Dienst van de Eén Oneindige Schepper". Dit bondgenootschap bestaat volgens hun eigen zeggen uit wezens van verschillende hogere dimensies of „dichtheden". Deze kosmische vrienden zijn positief ingesteld op het welbevinden van anderen en hebben sinds ca. 70 jaar door het „instrument" Carla L. Rückert en vele andere mensen gesproken en zo een grote schat an spirituele inzichten achtergelaten.

Tot deze schatten behoort ook het Ra-materiaal, *The Law of One*, in de Nederlandse vertaling *De Wet van Eén*. Het gesprek met Ra, een planetaire bevolking uit de zesde dichtheid, is inmiddels tot een klassieker geworden, niet alleen in de channeling-literatuur.

25 Principes van de realiteit richt voor korte momenten de aandacht op de strekkingen en gedachtes die nauw met de Wet van Eén in verbinding staan.

Ze bevatten mededelingen van Hatonn en Ra. De voorliggende samenstelling is een bewerking van de oorspronkelijke (gechannelte) teksten. Ik dank Carla L. Rückert en haar man, Jim McCarty en Don Elkins die de spirituele groei van hun medemensen tot hun levensopgave hebben gemaakt.

In liefde en licht
Jochen Blumenthal

De illusie van de scheiding

In de illusie denk je
dat je slechts met hulp van de illusie
contact met je mede-wezens
kunt maken.

Je drukt je met woorden uit
en brengt ze door de lucht over,
door een telefoon of
een ander apparaat.

Deze ogenschijnlijke scheiding
van het ene bewustzijn van het andere
is een illusie.

De scheiding is illusie en geen realiteit.

De realiteit van de geestelijke werelden

Dikwijls houden wij

de geestelijke werelden voor een illusie

en de illusie der scheiding

van onze broeders en zusters

voor de realiteit.

Het tegendeel is waar.

Realiteit

Realiteit

is in de eerste plaats

het oorspronkelijke concept

van de Schepper

en niet zijn uitlopers

in de vorm van experimenten

van zijn kinderen.

De juiste grootte der illusie

Om spirituele vooruitgang te verkrijgen moet de illusie worden gereduceerd.

Dit kan men bereiken door elk opzichzelfstaand facet der illusie, die het dagelijks leven belast, te analyseren en haar dan weer de juiste grootte toe te kennen.

Haar juiste grootte, mijn vrienden, is non-existentie.

Nieuwe niveaus van het bewustzijn

Voel het ritme van je adem,

hoe hij één wordt

met alles wat om je heen is.

Word je hiervan bewust.

Je bent in de Hof van Eden

Je bent in de Hof van Eden.
In deze tuin heerst perfectie.
Hier is zekerheid en bescherming,
bescherming voor al het denkbare leed.
In de Hof van Eden is er niets kwaads.
Je bent er, wanneer je mediteert.
Deze plek is realiteit.
Deze perfecte tuin is jouw ware thuis.

Leef deze tuin in je geest.
Niet alleen in meditatie, maar altijd.
Strek je arm ernaar uit, trek het naar je toe
en houd het dicht bij je.
Word één met je tuin,
want het is je ware ik.

Brandend verlangen

Het fenomeen van het verlangen

wordt vaak verkeerd begrepen.

Niemand vervolgt bepaalde verlangens

naar bepaalde dingen.

Dat, waar verlangen voor staat,

ontstaat waarachtig uit

een brandend vuur.

Het hoogste verlangen

Wat je ook mag ervaren,

het komt voort uit het verlangen.

Vervlogen wensen

bepalen het heden

en het huidige verlangen

vormt de schijnbare toekomst.

De Schepper heeft je volledige

keuzevrijheid gegeven.

Laat ons het hoogste verlangen,

dat we ons bewust kunnen worden,

aan onze Schepper teruggeven:

De Oneindige Schepper

op de hoogste wijze te ervaren.

Je mag een ster zijn

Ben jij je ervan bewust
dat jij je mag wensen
een ster te zijn?

Ben jij je ervan bewust
dat je alle inzichten mag ervaren
die jij je wenst?

Verlangen onder de loep nemen

Verlangen is als de zon.

Ze kan de aarde en haar bewoners

verwarmen en met licht verzorgen.

Houdt men echter een loep

in haar straal,

dan verbrandt datgene

waarop de straal wordt gericht.

De spirituele aard van de schepping

De mens verwaarloost
de spirituele aard van de schepping.
Dat is een grote fout.

De schepping bestaat volledig uit datgene,
wat men spiritueel zou noemen.
Er is niets anders.

De schepping is allerminst dat,
wat de mens van haar denkt.
Ze ziet er voor hem slechts zo uit,
omdat zijn bewustzijn begrenst is.

Vrije wil

De waarheid
van de liefde van de Schepper
moet zich van binnen naar buiten
verwerkelijken.

Ze kan niet van buitenaf
worden opgelegd.

Het plan van de Schepper

Het sterke verlangen is de sleutel
tot dat, wat je ontvangt.

Wat jij je wenst,
dat zul je ook moeten ontvangen.

Zo is het plan van de Schepper.

De illusie reduceren

Reduceer

door meditatie

de illusie

van de schijnbare scheiding.

De mens heeft ze zelf gemaakt.

De levende schepping

De schepping leeft.

Ze is intelligent
en functioneert als een wezen.

Je bent er een deel van,
als een wezen,
dat de lucht der eeuwigheid ademt.

Geïsoleerde delen

Sommige delen van de Schepper
hebben zich geïsoleerd.

Ze hebben zich van de
oorspronkelijke gedachte
van de Schepper
verwijderd.

Ook de mens
is door zijn ervaringen en experimenten
in zijn denken
geïsoleerd geraakt.

Een belangrijke wens

Koester de wens,

buiten de fysieke illusie,

die zo vele jaren een stempel op het

denken van deze planeet heeft gedrukt,

te zoeken en te vinden.

Grenzeloos

Het universum is grenzeloos.

Voor jouw identiteit,
jouw zoektocht,
jouw inzicht in de schepping
is er geen einde.

Eenheid

Wat grenzeloos is,
kan niet veel zijn.

Veelheid is eindelijk.
Oneindig is eenheid.

In een oneindige Schepper
is er slechts eenheid.

Liefde en licht en licht en liefde

In werkelijkheid

bestaat er geen juist of verkeerd.

De tegenstellingen worden weer verenigd.

Jij bent alles,

elk wezen,

elk gevoel,

elke gebeurtenis,

elke situatie.

Jij bent eenheid.

Jij bent oneindigheid.

Jij bent liefde en licht, licht en liefde.

De waarheid der liefde
van de Schepper

Iedereen moet zelf kunnen
accepteren en van de hand wijzen
wat voor de eigen spirituele ontwikkeling
noodzakelijk is.

Slechts op deze wijze
kan de waarheid van de Schepper,
die de schepping is,
de waarheid der liefde van de Schepper
worden herkend.

Gecompliceerde illusie

De mens heeft

de illusie met zijn

gecompliceerdheid zelf gecreëerd.

Verbreek deze belemmeringen.

En word je er van bewust,

wat je gecreëerd hebt.

De wens van de Schepper

Word je bewust van de Schepper.

Word je bewust van zijn wensen.

Dan zul je jouw eigen wensen kennen.

Want jij en de Schepper,

jullie zijn één.

Je zult het voelen,

wanneer je zijn wensen herkent.

Dan zullen er geen vragen meer zijn.

Dan zal je gevonden hebben wat je zoekt.

Je zult liefde hebben gevonden.

Zij is de wens van de Schepper.

Vind de liefde van de Schepper

Breng de liefde van de Schepper tot uitdrukking, die jou heeft gemaakt. Vindt ze in meditatie.

Noch intellectuele inspanning, noch vooruitziende planning, noch de uitleg van gesproken en geschreven woorden leiden je naar deze eenvoudige waarheid.

Een gedachte der liefde

Wordt ertoe in staat

de eigenschappen van de mogelijkheden

van de illusie te verstaan.

Reageer,

door zelfanalyse en meditatie,

er zo op, dat de

gedachte van de Schepper

wordt uitgedrukt:

Met een gedachte der liefde.

Referenties

1 – 4	Hatonn op 28 maart 1974
5	Oxal op 8 april 1974
6	Hatonn op 10 april 1974
7 – 11	Hatonn op 12 april 1974
12	onbekend
13, 22-24	Hatonn op 31 mei 1974
14 – 17	onbekend
18 – 20	Ra op 15 januari 1981 (Ra 1.7)
21, 25	onbekend

Over de auteurs

Coen Weesjes is bergwandelgids en fotograaf. Zijn foto's verschijnen regelmatig in Oostenrijkse en Nederlandse magazines en op diverse websites. De foto's in dit werk stammen van zijn hand.

Jochen Blumenthal is vertaler, auteur en uitgever. Onder andere heeft hij The Law of One (De Wet van Eén) in het Duits vertaald. Regelmatig publiceert hij nieuwe werken bij Das Gesetz des Einen-Verlag (Duitsland), die grotendeels in directe coöperatie met de non-profit-uitgeverij en channeling-groep L/L Research (Louisville, Kentucky) ontstaan.

Meer informatie

25 Principes van de realiteit is onze eerste publicatie in het Nederlands. Het is het eerste deel in de serie *introductie*. Het is ook beschikbaar in het Duits, Engels, Frans en Zweeds.

Andere delen von de serie zijn:

- *Meditation* (in het Duits en Frans)

- *Lehrmeister Jesus* (in het Duits en binnenkort Frans)

- *Dienst der Liebe* (in het Duits)

- *Bündnisbotschaften Sammelband* (in het Duits)

L/L Research

L/L Research is internationaal bekend geworden door het contact met het wezen van Ra (1981-1984), waardoor „The Law of One" is ontstaan. Deze documentatie van 106 sessies met het wezen van Ra staat op www.llresearch.org in een steeds groeiende aantal van vertalingen ter beschikking.

www.ingramcontent.com/pod-product-compliance
Lightning Source LLC
Chambersburg PA
CBHW060547030426
42337CB00021B/4464